반려견의 작은 시

반려견의 작은 시

초판 1쇄 인쇄 2019년 3월 2일
초판 1쇄 발행 2019년 3월 9일

신고번호 제313-2010-376호
등록번호 105-91-58839

발행처 보민출판사
발행인 김국환
편집 정은희
지은이 쿠쿠달달
디자인 김민정

주소 인천시 서구 불로동 769-4번지 306호
전화 070-8615-7449
사이트 www.bominbook.com

ISBN 978-89-97159-82-6 03800
CIP 2019003497

반려견의 작은 시

나의 외로움이 보름달처럼
꽉 채워지는 내 삶의 기쁨은 너

시/그림 **쿠쿠달달**

앞머리

반려견을 키우면서
소소한 일을
시로 썼습니다

주변의 삶을
시로 썼습니다

공유하고
즐기는 마음으로

이 시를 읽고
하루 의미를 찾을 수 있다면

제 시의 소멸은
슬프지 않을 것입니다

차례

1부 개를 키운다는 것은

2부 실종

3부 벽지에 쓴 연애편지

1부

개를 키운다는 것은

입양

겨자 씨앗
시작은 미미하나 그 끝은 창대하리라*

갈 데 없는 아이라고 해서
얼굴이나 한 번 보자고 했는데

식구가 되어
무럭무럭 창대해진 생활비

그리고 사랑

* 성경구절 인용

토비

우리 집 강아지

있으면 귀찮고
없으면 불러보는

호적에는 없어도
우리 집 식구

꿈자리를 지켜주는
드림캐처

갈 데 없는 아이라고 해서
얼굴이나 한 번 보자고 했는데

있으면 귀찮고
없으면 불러보는

호적에는 없어도
우리 집 식구, 토비

겨울 연어

겨울 외투의 호주머니
속을 뒤적이다
손 안에 우연히
잡히는 것

연어 말린
큐브 몇 조각

그
가느다란 결을
자꾸 버릇처럼
쓰다듬다

울 강아지가 혼자 있겠구나

약속도 일찍 파하고
집으로 돌아가는 길

강아지와 산책을(사람편)

강아지의 코끝을 따라
오는 계절

봄에는
부풀어가는
화사한 분 내음

여름에는
물기 많은 미역 같은
녹음의 내음

가을에는
동그랗게 꼬부라진
단풍잎의 마른 살결 내음

겨울에는

매캐하고 알싸한

잔솔 위 눈꽃 내음

솔솔 불어오는 내음마다

우표처럼

여섯 개의 발자국 찍어

편지 부치는

강아지와

산책을

강아지와 산책을(강아지편)

이 오줌은 앞집 강아지, 소고기 냄새가 나
이 오줌은 옆집 강아지, 오리 냄새가 나
이 오줌은 위층 강아지, 양고기 냄새가 나

내 오줌을 뿌려야지
오줌 한 방울 남겨선 안 돼
난 이 동네 사는 토비야
너희 날 잘 기억해둬
나 힘센 개야

그렇지
똥을 싸주지
냄새를 퍼뜨려주지
흙을 파헤쳐주지
멀리 멀리 퍼져라

근데
엄마는 잘 따라오는 거지
왜 나보다 힘이 약하고
잘 달리지 못하는 걸까

엄마랑 같이
산책하는 것은 힘들고
귀찮아

그래도 기다려야지
뒤돌아보고
약간은 사랑스런 눈빛

저기 엄마의 감동하는 눈빛

엄마, 오늘 저녁에 우리 또 산책가요

강아지의 조종

누군가
말 한마디 없이
손짓만으로
뭘 가리킨다면
엄청 기분 나빠하겠지

우리 집 강아지는
말 한마디 없이
코 짓만으로
가리킨다

선반 앞에
얌전히 오래도록 앉아서
코를 높이 쳐들고
애절하게 쳐다보면
뭐든 된다

어느 날 토비가
냉장고 앞에 오래도록 앉아서
코를 높이 쳐들고
뚫어지게 쳐다본다
냉장고 속을 투시하는 슈퍼맨처럼
이제는 거만한 눈짓으로

냉장고
통째로 안 주고는 못 배겨날걸

상전을 모시고 산다

냉장고 통째로 안 주고는 못 배겨날걸

참을 수가 없어

얼마나 많이 기다려야 하는데

안방 문을 닫아버리다니

나는 어디에 있어야 하지

관절 검사

꼬리를 말아 쥔
우리 집 강아지의 장닭 같은 다리를
꼼꼼히 만지던 수의사가

오우~야

얼마나 산책을 많이 시켰냐며
자기 무릎을 문질러가며
부러운 듯

오우~야

개를 키운다는 것은

나는 엄마의 훈김으로 너는
아기의 쿳김으로 만나는
사이라며 좋아한다

앞 베란다에 똥 두 알
뒤 베란다에 똥 세 알
화장실에 똥 열 알

장난감 눈알
나뭇잎 한 잎
실꾸리 올 올

심심한 개의 하루를
떡 주무르듯 치우고 나면
개를 키운다는 것은
똥과 친해지는 일이다

구불구불한 창자 속
같은 하루를 지나
환한 세상 밖으로 나오는 우리의
똥과 만나는 일이다

개 삐짐(사람편)

강아지는
충성스럽기만 한 줄 알았는데
개가 삐졌다

이리 와

들은 척도 안 하고
쳐다보지도 않는다

내가 알아들을 정도다
내 잘못은 무엇일까

침대 위를 더럽혀서
출근할 때
안방 문을 닫고 다녔는데

토비가 있을 곳이 없어
그런가

안방 문을 열어주었다

토비 맘이 풀렸는지
퇴근하는 나의
몸을 향해 뛰어 오른다

토비도
눈이 있어
볼 것 다 보고

맘이 있어
삐질 것 다 삐진다

개 삐짐(강아지편)

참을 수가 없어
얼마나 많이 기다려야 하는데
안방 문을 닫아버리다니
나는 어디에 있어야 하지

침대에서 잠도 자야 하고
화장실에서 오줌도 싸고
똥도 싸야 하는데

그래 오늘은 어디까지만
나갈까
엄마가 오면
식탁까지만 나갔다
뒤로 돌아가는 거야
눈도 안 마주치는 거야
나 개 삐졌어

엄마 이제야
안방 문을 열어주시네
안방은 나의 쉼터

야호
나 살았다

엄마 반가워요
얼른 가서 끌어안아 줘야지

폴짝

고집(강아지편)

나 저것 갖고 싶단 말이야

간식 찬장 위에 있는
저 나무 손가락

이빨로 잘근잘근 씹어보면
어떤 맛일까

공 맛과는 다르겠지

저 나무 손가락

음

이번에는 티브 앞에 드러누워 볼까

토비야, 아휴 이뻐

얼른 일어서서
다시 간식 찬장 위에 저 나무 손가락

안 돼, 토비
네 마음 다 읽혀
이리 와

다시 드러눕는다

나 이래봬도 고집 있어
흥 칫 뿡

꼬리(사람편)

아파서
입술 꼬리가
내려가 있으니

아들이
내 입술 꼬리 끝을 쭈욱
끄집어 당긴다

입술 위 꼬리는 웃음의 집
웃음 나올 일이 없는데도
그냥 웃음이 나온다

식구들의 외출을
보고
축져진
토비의 꼬리

꼬리를 활처럼
위로 쭈욱 당긴다
꼬리는
토비 마음의 집

기분 좋은 일이 없는데도
살랑살랑 메트로놈 사박자로
흔들어 준다

꼬리(강아지편)

만지지 말아요
화가 나서 물고 싶단 말예요

똥꼬는
왜 찌르고 그래요

화가 나서 물고 싶단 말예요

발바닥은
왜 냄새 맡고 그래요

화가 나서 물고 싶단 말예요

귀는
왜 잡아당기고 그래요

화가 나서 물고 싶단 말예요

빨리 쓰다듬어 주세요
날 꺼내주세요

본능과 애정 사이에
나 항상 끼어있어요

꽃으로도

강아지도 알까
맴매와 폭력의 차이를

내 이불에다가 툭하면
찔끔 오줌을 싸는 토비

안 되겠다, 요 녀석
엉덩이 맴매

제 잘못을 아는지
엉덩이를 대주고 온몸을
잔뜩 움츠린다

한 대 맞고
머리를 푸욱 수그린다

미안해 엄마

볼펜을 씹고 있는 토비
어쩌다가 걱정하는 맘이
진짜 전쟁이 되어
아빠가 한 대 퍽

토비 꼬리를 말아 쥐고
뒷다리를 덜덜 떨며
눈도 못 마주친다

달랠 겸
손을 뻗으니
머리를 흔들어
버린다

너무 무서워 엄마

우리 토비
악동인 줄 알았더니
순둥이다

꽃으로도 개를 때리지 말아야지*

* 꽃으로도 때리지 마라 (김혜자) 인용

김밥 꽁댕이 같이

토비도 마음에
꽁댕이가 붙어 있어서
잠을 이루지 못한다

한숨을 쉬고 눈을 질끈 감는다
끙~하고 돌아눕는 사람처럼

마음속에 꽁댕이 하나가
굴렁쇠를 놓고 있다

냉장고 위에 올려놓은
오늘 산 장난감 공

안 되겠는지 벌떡 일어나서
방문을 열어달라고 한다

새벽 두 시
소풍가기 전날 잠 못 자는 아이 같다

꽃 점

강아지의 사랑은 누구
나 아니면 형아

토비의 사랑을 독차지하고
싶지만
토비는 형아를 더 좋아하는
것 같아

사랑에 결코 실패한 적이 없는
내게 실연의 아픔을 주는
토비

미워하다가도
부드러운 귀 끝에 완전 내 맘 녹아

국화꽃으로 꽃 점을 친다
꽃잎 하나에 나를 사랑할까
꽃잎 둘에 나는 개집사일까

울 토비의 사랑은 누구

그림자를 가진 강아지

난 여태 뭘 본 걸까

매일 매일
산책을
백허그 하듯
뒤따라 다녔는데

어쩜
너의 그림자를 까맣게
잊었잖아

유치원생 손가방처럼
작게 매달려 있는
토비의 그림자

열어 보고 싶어

오늘

너와 함께

세상을 한 장의

흑백필름처럼

빼보고 싶어

낮잠

토비 옆에서 꾸벅꾸벅
졸다가
토비 품에 안겨서
잠들은 오후

달짝지근해서
일어나고 싶지 않은

가만히 손을
토비 가슴 밑으로
밀어 넣어
만지는 고동 소리

높았다
낮았다
파도가 들썽거리는

노을 진 오후

너의 의미

네 삶의 기쁨은 나라고
사람들은 그러는데

갈수록
너의 둥근 어깨를
닮아가는 하루

너의 눈동자를
닮은
별이 뜨는 밤

나의 외로움이
보름달처럼
꽉 채워지는

내 삶의 기쁨은 너

나의 외로움이

보름달처럼

꽉 채워지는

내 삶의 기쁨은 너

마약 방석

두툼한 마약 방석
사주었더니 빵처럼
다 뜯어서 마약 걸레를
만들었어

토비 안 돼

이리 와

엄마 무릎
튼튼한 마약 방석

앉았다
답답한지
훨훨 날아간다
나비처럼

단지 타령

단지 단지
울 집 강아지는 무슨 단지

할머니는 토비가
돈단지
돈이 많이 들어서

아빠는 토비가
애물단지
사고를 많이 쳐서

엄마는 토비가
똥단지
뒤만 돌아보면 똥을 싸서

형아는 토비가
욕단지
산책하러 나갈 때 엄청나게 짖어서

나는 토비가
심술 단지
뭐 먹는 꼴 못 보고 달려들어서

장점 하나 없어도
식구 모두 마지막 하는 말

울 토비는 보물단지

토비
너 아니면 안 키운단다

발 씻겨주기

따듯한 물이 담긴
샛노란 대야
새알처럼
어린 발가락들이 동동 뜨면
엄마가 뽀독뽀독 씻겨주었던
어릴 적 기억

토비가 내 발바닥을 핥는다

꼼지락 꼼지락
세상 구석을 훑고 다녔던
하루를 정성스럽게 씻겨 주고 있다

잠자리가 새알처럼 둥글어지고
세상 따윈

토비야 이리 와

우리 눈 감을 수 있어서

행복한 시간

자자

방귀

소리 없이 다가오는
토비 방귀는
실 방귀

날 사랑한다며
내 콧등 위로
엉덩이를 들이밀고

낮잠을 자면서도 실실
선물처럼 안겨 주는 실 방귀

사랑스러워

토비의 부드러운 뱃살에
입 방귀 한 번 불어봤으면
부우우

물리려나

부케 강아지

꽃무늬 봄 카디건 속에
결혼식 꽃다발
안개꽃이 가득 피어있네
하얀 말티즈 한 마리

시원한 여름 모자 속에
결혼식 꽃다발
검은 꽃이 가득 피어있네
까만 닥스훈트 한 마리

가을 바바리 코트 속에
결혼식 꽃다발
갈대꽃이 가득 피어있네
갈색 푸들 한 마리

검은 겨울 패딩 속에
결혼식 꽃다발
눈꽃 위에 블루베리와 갈색 쿠키
바둑이와 아기 백구 두 마리

결혼식 꽃다발

눈꽃 위에 갈색 쿠키

강낭콩 젤리처럼 누운 토비

불안

토비의 불안 중
가장 커다란 불안은

한 번 버림받아서
우리로부터 또 버림받을 것 같은 토비의 걱정

뽀뽀

사람은 코를 옆으로 돌리면
뽀뽀를 하자는 뜻일 수 있지만

개는 코를 옆으로 돌리면
싫다는 뜻

토비 뽀뽀
코를 옆으로 돌리는 데도

내가 입술을 들이밀자
기다란 토비의 입술이
위로 말려 올라가며

으르렁

우연히

토비 눈과 마주치자

부드럽고 긴 혀로

입술을 핥아주는

값비싼 기습 뽀뽀

1+1 행사는 없는 거니

생일잔치

오늘은 토비의 생일

고깔모자 쓰고
양초를 켠
강아지 케이크

태어나 줘서 고마워
우리 곁에 와줘서 고마워

생일 선물은
럭비공 하나
간식 두 개
옷 한 벌

생일 축하 노래는

토비야 생일 축하해

태어나 줘서 고마워
우리 곁에 와줘서 고마워
너는 가슴으로 낳은 꽃
말은 못해도 문제 될 건 없어
놀아줄게
돌봐줄게
눈으로 말해
몸으로 말해
우리 영원히 함께하자

음표 없이 흥얼거린 노래

쌍까풀 수술

과수원에서 죽도록
뛰어놀고
수제비처럼
푹 퍼져버린 토비

강아지 눈이 아니라
사슴 눈이 되었네

눈 위에 실금 하나
쌍까풀이 생겼네

앗 누구 짓이지

가재가 집게발로 집었나
사마귀가 앞다리로 집었나
쇠비름이 손가락으로 집었나

하룻밤 자고
일어나보니
앗 다 풀려버렸네

돌팔이 의사의 쌍까풀 수술
공짜라서 다행이야

토비야 너 그거 없어도
내게는 너무 예뻐

생쇼(강아지편)

목에서

켁

사료 한 입 먹고

켁

물 한 모금 먹고

켁

한쪽 눈이 찌그러지네

엄마랑 아빠랑 형아가 달려들어

걱정스러운 듯 쳐다봐

웬일이지

기분이 너무 좋아

켁켁켁켁

엄마는 목을 마사지하고
형아는 날 옆으로 눕히더니
내 심장을 누르며
인공호흡

아아 아파

송곳니가 저절로 길어지는데

모두가
입벌려 입벌려 토비
뭐가 걸린 거지

나무 조각
플라스틱 조각

내 이빨을 벌리려 하고
급기야 병원까지 갔어

이상하다

의사선생님 앞에서
켁켁이 멈춘 거지
야호, 생생해

의사선생님은
내가 아주 건강하대

다음날
나는 잠결에 이런 소릴 들었지

어제 토비가 잡아먹은 통닭이 3마리

나는 닭을 먹은 기억이 전혀 없는데

근데 왜 아빠는

날 죽일 듯이 째려보는 걸까?

시간표

월요일

토비 혼자 있는 시간 6시간 30분

화요일

토비 혼자 있는 시간 3시간 30분

수요일

토비 혼자 있는 시간 7시간 30분

목요일

토비 혼자 있는 시간 7시간

금요일

형아 집에 있고

토비 행복한 시간

꼬리가 메트로놈 16박자로 웃고 사는 날

주말

식구들이 집에 있고

토비 행복한 시간

꼬리가 메트로놈 32박자로 웃고 사는 날

월요일 아침

꼬리가 힘없이 내려간다

메트로놈 고장

엄마 아빠 형아들 안녕

나 또 혼자서 집 지켜야 돼?

아우 졸려

짜부룩

울 집 강아지 졸려서
한쪽 눈이 찌그러지는 소리

하우스- 토비- 하우스

아빠의 불호령

들어가는 척

아빠는 컴퓨터 모니터만 쳐다본다

다시 거실로 돌아 나와
꼬리를 살포시 내려놓는다

한쪽 눈이 짜부러진다

눈까풀 위에

한쪽 눈이 심하게 터진

복싱선수가 앉아 있다

한쪽 눈이 심하게 터진 복싱선수가 앉아 있다

새해 결심

사람들은 만 보를 걷고

나는
우리 집 강아지
만 번을 쓰다듬는 것

싹 싹
싸리비 마당 쓸 듯

쓱 쓱
빽빽이 반성문 쓰듯

바보 멍청이여도 좋아

싹싹 쓱쓱

올해도 우리 행복하자

악동 토비

울 집 강아지는 고약해
몸집은 작아도
악동

인사만 시켰다 하면
으르렁

애견 카페에서도
큰 개들에게
으르렁

애견 카페 사장님이
웬일로 토비 칭찬을 해

우리 토비가 많이 달라졌어요
다른 개들도 안 물고
토비야 부르면 쫓아오고
무슨 일

매우 아파요

우리 토비는
개 중에 일진 개

아파야
선생님 말씀 잘 듣고
친구들 괴롭히지 않는
중학생 일진과 어쩜 그렇게
똑 닮았는지

유치원 가는 토비

우리 토비는 남쪽나라 개
추운겨울이 더욱 추워

겨우살이 하러
애견카페에 간다

애견유치원에서 보낸 사진에
토비가 검은 소파 옆에 앉아 있다

자세히 보니
검은 소파가 아니라
검은 스탠다드 푸들이 누워 있다

누나와 동생의
다정한 모습

사람에게 말이 통하는 친구가
있듯 말 못하는 강아지에게도
친구가 필요하다

집으로 돌아오는 토비

샛노란 유치원 버스에서
유치원생처럼 토비가
내린다

육아일기 1

내가 잠든 사이

톡톡톡
장판 위로 발톱 지나가는 소리
찌걱
나무 조각 씹는 소리

낮에 실컷 자고
오밤중에 일어나 간첩처럼
어둠을 쏠고 다니며
SOS 사랑의 구조 신호 보내는
커다란 쥐 한 마리 토비

탁- 불을 켜고
새벽 3:00

신문지에 간식을 싸서
30분간 던져주고
물주고

꿀잠

누가 깨운다
엄마 지각

비몽사몽
눈곱만 떼고 출근길

토비는 곯아떨어져
눈만 살짝 떴다 감는다

육아일기 2

불 날 뻔했네
잠에 곯아떨어져

방 안에 푸른 연기
전기 타는 냄새

소리 지른다

누전
전기 차단기

하얗게 질린 얼굴들
방문에 조롱조롱
이불 밑에서는 연기가 솔솔
잔솔가지를 지폈나

밧데리가 지글지글
토비 이빨 자국도 보글보글
우리의 분노도 삐질삐질
아빠는 길길이 뛰고
토비는 구석에 숨고
형아 밧데리 식히고

나는 다음 날
화재보험 들고

응답하라

자기 뜻대로 안 되고
아프고
화가 나면

토비는 오줌을 싼다
아무 데나

머리맡에서도 싸고
심지어 핥아먹는다

첩첩첩

자다가 벌떡 일어나서
토비 오줌 먹었어
안 먹었어

불을 켜보니 토비가
구석으로 숨어버렸다

토오비
오줌 먹었어
안 먹었어
구석에서 응답이 들린다

끄르륵 꺼 억

음악소리

세상에서 가장 듣기 좋은 소리가
자식새끼 숟가락질 하는 소리라는데

내가 가장 좋아하는 소리는
토비의 아삭아삭 간식 먹는 소리

내가 다칠세라
이빨을 얌전히 오므리고
간식을 입으로 받아들고

고개를 이리저리 흔들며
맛있다는 듯이 음식을 씹어댈 때

나는 잠이 소르르 오고
세상 근심이 다 날아가 버려

음악소리처럼 달콤한
토비의 간식 먹는 소리

잠꼬대

개 팔자 상팔자라고
우리 토비는 상팔자란다

넉넉하지는 않아도
그런 데로 걱정 없이

살아가는 복 많은
막내아들 토비

간밤에 잠꼬대한다

슬프게 운다
낑낑

잘 사는 줄 알았는데

토비 생애의 절반은
기다림
외로움

장기자랑

앉아
손
엎드려
앉아
하이파이브
무릎 똑똑
브이 (얼굴 V 안에 얹어놓고)
쏙 (주둥이 O 안에 집어넣고)
기다려 (2분)

간식을 앞에 두고

토비가 고개를 돌린다
안 쳐다보리

이젠 주겠지
돌림노래

앉아에서 기다려까지

이젠 주겠지

또 돌림노래
앉아

아빠가 한마디 거든다

애 성질 나빠져
그만 줘라
고기 조각 하나에
넌 그러고 싶냐

질투(아빠편)

식구들이

토비의 환심을 사기 위해 장난감을
한 무더기 사준 날부터

퇴근하면서 토비에게 반갑게 인사하면서
자기에게는 지나가듯 한마디 인사할 때부터

토비를 끌어안고 몸과 손을 부비면서
뽀뽀해달라고 애걸할 때부터

사실은
토비가 첫 날 집에 들어오면서

본능적으로
인생 최대의 적수를 만났다는 것을
느끼면서부터

아니

토비처럼 그렇게 사랑해달라고 말하고 싶은데

그렇게 해줘라고

말하지 못한다는 것을 알게 되면서부터

질투(엄마편)

나한테 그렇게 배 보여주는 것을 싫어하면서
그깟 귤 하나에 토비, 배를 홀랑 뒤집어서
격하게 애정 표시할 때

내 무릎에 앉히면 후루룩 도망가면서 토비가
애견카페에서 낯선 여자의 무릎에 훌쩍 올라앉을 때

아침이면 내게는 모닝 키스도 안 해주면서 토비가
형아의 손에 미친 듯이 모닝 키스로 안부를 물을 때

형아는 내게 사랑한다는 말을 한 적이 없는데
토비에게 사랑한다고 말을 할 때

아, 이 질투의 감정이 토비를 중심으로
얽히고 복잡해진다

마치 한 편의 막장 드라마처럼

천재견 토비

토비는 자기가 먹던 사료에
사람들이 손을 대도
으르렁 거린 적이 없어

당근을 던져주면
제발 숨겨달라며
자꾸 담요를 끄집어 당겨

잠을 자고 있으면
공을 물고 와
던져달라며
머리맡에 끼워주고
기다려

맛있게 간식을 먹다가도
토오비
이름을 부르면

꼭 얼굴을 돌려

뒤로 가
뒷걸음치다
뒤로 가
뒷걸음치다
이리 와
뒷걸음질 계속 치는
토비

내 눈에는 토비가 호야보다*
더 똑똑한 천재견인 걸

엄마의 눈에는 자기 자식이
가장 똑똑한 걸 어떡해

* 천재견 호야(방송에 출현한 개이름)

축구선수 토비

울 집 강아지는
동네 베컴

초등학생들도 다 알고
족구하는 아저씨들도 다 알고

축구공 다섯 개를
이빨로 해체 작업한
유명한 축구선수

와 베컴 강아지다

아이들은
공을 차다가도
두툼한 셔츠 밑에
축구공을 감추고

d로 서 있다가
등을 돌려
b가 된다

토비가 떠나면

공이 태어난다
우 왕

울 집 강아지는 동네 베컴

털갈이

낯설고 어지러운
토비의 빠진 털들

사막을 굴러다니는
회전초 덩굴 같은
털 뭉치들

아무리
털어내고
쓸어내도

눈송이처럼
집안을 덮는다

무지개다리를 건너고
3년 후에도 나왔다는
강아지 털

오늘 아침
검은 코트에
눈꽃처럼 내려앉아
반짝이는 것은

토비가 보내는 몸 편지
잘살고 있다는 희소식

털 옷

눈도 대칭
귀도 대칭
입술도 대칭

토비의 하얀 털옷에는
커다란 갈색 반점들만
자유 대형

자유롭게 모여 앉기 위해서
털들이 얼마나 노력을 한 걸까

둥근 테두리 밖으로
물감처럼 털들이
번져 나와 보이는데

비스듬히 보니
하트♡가 보여

하트♡가 날아오는

소리가 들려

뿅 뿅 뿅

하얀 송곳니

주둥이에서
공 뺏기 놀이를 하다가
부딪친 토비의
하얀 송곳니

소오오름

차갑고
단단한
강철

자기도
놀랐는지
이빨을
얼른 오므리는
토비

우리랑 살면서
본성을 달래느라
너도 고생이 많구나
토비야

하울링 가족

산책 갈까

토비가 목을 길게 뽑고
장닭처럼 울기 시작한다

아 우

그 소리가
내 가슴 밑바닥에
숨겨두었던
야생을 끄집어낸다

늑대인간처럼
나도 울고
형아도 울고
온 식구가 울고

아 우

아 우

아 우

아 우 컹컹

아무래도
이 아파트에서 쫓겨날 것 같다

태어나 줘서 고마워
우리 곁에 와줘서 고마워
너는 가슴으로 낳은 꽃
말은 못해도 문제 될 건 없어
놀아줄게
돌봐줄게
눈으로 말해
몸으로 말해
우리 영원히 함께하자

춤꾼

놀이방 친구랑 실컷 놀다
집에 오면

가벼운 토비 엉덩이가
갈 之 자로
춤을 춘다

스트레스가
풀리면
사람이나
개나

다리가
갈 之 자로
춤을 춘다

개다리춤

2부

실종

럭키

난 모든 개가 그런 줄 알았어
입을 쫘악 벌리고
빨래판 같은 혀 천장을
기타 줄처럼 튕겨도
럭키처럼 괜찮은 줄 알았어

난 모든 개가 그런 줄 알았어
등허리를 베개처럼 깔고 누워
꼬리를 두꺼운 밧줄처럼 당겨도
럭키처럼 괜찮은 줄 알았어

우리 집 도사견 럭키가
개장수의 뜬 장에 갇혀
오줌을 질질 눌 때
난 너무 어렸어

럭키를 팔은 돈으로 사온
커다란 괘종시계에서
밤새도록 컹컹 짖는 소리가 날 때

세상에서 하나뿐인 럭키가
돌아올 수 없다는 것을 알았어

북청 사자놀이

큰 개는 반가울 때
다리를 손처럼 높이 쳐들고
허리를 곧추 세워
탈춤을 추듯
온몸을 흔들어 댄다

덩더쿵 어얼쑤
장단에 맞추어

온몸을 휘청이며
큰 바위 얼굴을 흔들고
한쪽 발을 척척 휘둘러
무게를 쏟아 붓고

덩더쿵 어얼쑤
장단에 맞추어

엄마

아빠

내 사랑

탈춤을 추듯

온몸을 흔들어 댄다

북청 사자놀이

그만

우리가 뒤돌아서면

한바탕 탈춤이 끝난다

큰 개가 얌전히 앉아 있다

슬픈 개들의 나라

세상에서 가장 슬픈 개들의 나라에서
세상에서 가장 향긋한 복숭아가 자란다

판자만 덧댄 개집의 지붕 위에
달콤한 복숭아의 향기가 주르륵 떨어질 때

세상에서 가장 슬픈 개들이
무지개다리를 건너 소낙비가 되어 내려온다

어떻게 우리가 그 다리를 건너는지
사람들은 모르쇠 한다며

철 철 철 소낙비 같은 눈물을 쏟으며 내려온다

시골에서 똑똑한 개

시골에서 똑똑하다는 것은
하물며 진돗개가

하이힐을 신은 숙녀처럼
널찍하게 싸놓은
똥 사이사이를
묻을세라
오종종히 걷던
이장님 진돗개

1m 줄이 풀렸다

겅중겅중 신나게
달아날 줄 알았는데

동네 한 바퀴

돌아와서
낳은 지 얼마 안 되는
새끼들에게 젖을 빨렸다

항상 개집이 우리 집 안방
보다 더 깔끔했던 진돗개

이장님 집을 거쳐 간 수많은
진돗개 중
가장 똑똑한 개

오랜 망설임
빈집
빈자리

똑똑하든

멍청하든

시골 진돗개의 운명은 똑같고

나는 항상 바보가 된다

실종

주둥이가 심하게 비틀리고
덜렁거리는 송곳니

누군가에게 심하게 얻어터진 채
배를 곯고 다니던
천변의 유기견 백구

구조를 결심하고
모 방송 프로그램 담당자와
연락을 주고받던 날

대설주의보 3일

거센 눈발 사이로
혹여 굶어 죽을까
사료 상자를 들고 다니다
그 넓은 들판에 살짝 놓고 갔지

아무도 건든 흔적 없이
눅눅해진 사료 알

근처 동네를 뒤지고
천변을 뒤지며
사람들에게 물어봐도

실종
시체를 찾을 수 없다

털 한 올 남기지 않고
뉴스거리 한 줄 되지 않고

세상이 절대 묻지 않는
미해결 사건이 된 유기견

누굴까
범인은

아기 백구

이름 없는 아기 백구
목욕 한 번 한 적 없는
회색 털

처음 머리를 쓰다듬어
주던 날

고개를 살포시 젖혀
내 손을 어루만지던
아기 백구

어느 날 뜬 장 속으로
머리를 쓰다듬자

또다시

고개를 살포시 젖혀

내 손을 어루만지던

커다란 백구

내 맘속에 슬픔의 집을

만들어 준 회색 털 백구

제주도에서

말 근육 같은
다리를 가지고

가깝지도
멀지도 않은
반원을 그리며

동네 불량배처럼
서성거렸던
진돗개

1m 줄에 묶여 사는
시골 진돗개

무슨 사연으로
부랑자 노릇을 하고
있는지

지금이 행복한 건지
그때가 행복한 건지

뒷짐만 지고
지켜보았던

제주도 말을
닮은 진돗개
유기견

3부

벽지에 쓴 연애편지

고압선을 탄 아이

고압선이 시렁시렁 운다

참새 발이 싫어
낙엽 손이 싫어
들꽃 눈이 싫어
뭐든 싫다고 운다

자세히 들어보니
싫어서
시렁시렁
운다

그 아이가 말한다
말끝마다
싫어

친구도 선생님도 엄마도
무슨 상관이야

어느 날
일만 볼트 고압선이 된 그 아이는

혼자서
겨울바람을 타고
아득하게 운다

시렁 시렁 시러렁

나 시집올 적에

밥을 먹고
시어머니 **그릇 부셔라**
새 며느리 고개가 갸우뚱
그릇을 어떻게 부셔요 어머니

어머니 설거지하신다
그릇 부서지는 소리가 난다

땡볕에
시아버지 **아가, 지렁물 좀 떠온**
새 며느리 고개가 갸우뚱
지렁이도 드세요 아버님

시아버지 간장 물 한 조롱 퍼 와서
찬물과 섞어 출렁출렁 드신다

퇴근길에

남편 **부르쌈 먹을래**

새색시 고개가 갸우뚱

보쌈, 자기

남편이 밭둑에 나아가 상추쌈을

뜯어와 양 볼이 터질 듯 몰아넣는데

눈이 저절로 부르(부릅) 떠진다

사투리는 지고

인터넷 용어가 나래를 펴고

이래나 저래나

못 알아듣기는 매한가지

불현듯 사투리를 쓰다

아스라이 멀어진

그분들이 그립다

달력 나무

네모난 사각 틀에 갇혀있는 숫자들이 암탉처럼
힘겹게 알약을 낳았네

며느리가 정성스럽게 봉투에 받아
빼곡하게 알약 주머니를 매달았네

심장병
혈압
당뇨
감기

한 웅큼 잡고도 넘치는 많은 알약을 먹고
간과 신장은 어떻게 살까

낙엽같이 마른 손은 달력의 가지를 더듬어
하루치를 뜯어내고 목구멍을 통과하는
알약의 달콤한 속삭임을 듣네

하루 또 늘어났네

외풍을 뚫고
기침 소리 잦아든 거실까지
할머니 심장 소리
딸각딸각 들리는 알약 창고

우리 집 달력 나무*

* 달력나무란 나이 드신 어른들이 달력에 약봉투를 호치케스로 박아놓고 하루치씩 복용하는 실제 얘기임

말풍선

카톡 방에
친구들이 모이면

말풍선은
산소주머니

가득
올챙이 눈알을 흔들며

강아지 꼬리
코끝을 간질이듯

온몸이 둥실 뛰어올라

우리는 방방을 탄다

미래의 나에게

넌 날 기억하지만
난 널 모를 수도 있어

넌 기억하고 싶은 것만
기억하는 기억에 빠져
그럴지도 모르지

잘 생각해봐

말똥만 굴러가도 네가 얼마나 웃었는지
첫눈 내리는 소리에 얼마나 발을 굴렀는지
노을 속 들꽃을 얼마나 소중히 여겼는지
너의 사랑을 들어줄 이 세상의 단 한 사람
누군가를 얼마나 찾아다녔는지

오래 지난 후
어느 거리에서
우리가 마주친다 해도
너무 낯설어하지 마

넌 날 기억하지만
난 널 모를 수도 있어

넌 기억하고 싶은 것만
기억하는 기억에 빠져
그럴지도 모르니까

벽지에 쓴 연애편지

남편과 한바탕 싸우고 나서

우리의 이야기가 고스란히
담긴 연애편지들을 에누리 없이
조각조각 찢어내고

문득
정신을 차려 보니
돌이킬 수 없는 실수

어머나 이를 어째

차라리 그 편지로
모두 도배를 해버릴걸

미움을 풀죽으로 써서
휘파람을 불어가며
벽지에 한 장 한 장 발라가며
발칙한 상상을 했더라면

벽지에 쓴 연애편지를 보고
남편은 얼마나 깜짝 놀랄까
자기가 얼마나 날 사랑했는지
저절로 알았을 텐데

이사 가는 날
한 장 한 장
상처 한 군데 없이
떼어내라고
오만하게 말했어야 했는데

남편은 정말 죽을 맛이겠지만

쓸쓸한 어느 날에
내 손을 잡고
위로 한마디 던져줄
연애편지 한 장쯤은
살려냈을 텐데

불땀(불씨)

불땀 좋은 솔가지
아궁이에서
오래 타고
활활 타고

불땀 약한 지푸라기
아궁이에서
쉽게 타고
후루룩 타고

불땀 없는 생솔가지
아궁이에서
검은 연기 폴폴
콧구멍엔 검댕이

오늘의 미세먼지는

점심을 먹고 산책을 하러 나간다
누군가 묻는다
오늘의 미세먼지는

젊은이들은 휴대폰을 꺼내고
우리는 희미하게 서 있는
먼 산을 쳐다본다

젊은이들은 고개를 숙이고
우리들은 고개를 쳐든다

나누어서 진 듯 같이 짊어진 하늘이
뿌옇다

스파게티와 백설기

낙엽에 관해 쓴 시가
낙엽만큼 쌓여있는 가을

하늘에서
스파게티를 드시는 듯
낙엽을 들이킨다
바람에 찍혀
후루룩 감아서 올라간다

첫눈에 관해 쓴 시가
첫눈만큼 쌓여있는 겨울

하늘에서

백설기를 만드시는 듯

세상을 덮는다

구름을 잘라

사부작 고요하게 덮는다

세상이 참 맛깔스럽다

엄마와 옷 쇼핑하는 날

옷 쇼핑을 할 때
화장을 해야 한다는 것이
엄마의 철칙

이미 맘속에 점 찍어둔 옷이
있으면서도 모른 척

백화점을 돌다
우리가 찍어준 옷 한 번
입어보고
맘속에 찍어둔 옷을
걸치며

난 이 옷이 딱 앵기더라
생글생글 웃는 엄마

쇼핑이 끝나고
예쁜 옷에 앵겨 있는
엄마

흰 장미 같기도 하고
흰 백합 같기도 하고

살짝 웃으니
안개꽃을 뿌려놓은 듯

엄마의 세월이 동글동글
모여앉아
꽃 뭉치를 이룬

내 가슴에 딱 앵기는
졸업식 꽃다발 같은
우리 엄마

시를 읽어주는 여자

달콤한 목소리는 아닙니다.

허투루 된 삶은 없다고 믿는*
옆집에 사는 냉이 풀입니다
엷은 향기여서

당신을 번쩍 세워주기
어려울지도 모릅니다

따스한 차 한 잔을 사이에 두고
어지러운 생각을 정갈하게
묶고,

기쁨과 슬픔을 밑천으로 살아온
담백하고, 미지근한 목소리로
시를 읽어주는 여자

* '허투로 된 삶은 없다'는 수필 「헛꽃 같은 삶」에서 인용함

깍지 낀 열 손가락 같은 이파리로
겨울을 견디는 냉이 풀처럼
허투루 피어나는 삶은 없다며
시를 읽어줍니다

나의 큰 복입니다

전화 한 통

아빠
제 전화 기다리셨죠?
전화하면 항상 자랑하셨잖아요

어제는 니 동생한테서 전화가 왔고
멀리 대련에서도 전화가 왔구
얼마 전에는 니 올캐가 전화했더라며

너는 어찌 잘 지내냐며
밥은 잘 먹고 댕기냐며

사랑보다
더 절박한 대화인 듯

그렇게 몇 마디 얘기하시고
버릇처럼 툭 끊곤 하셨는데

오늘은 아빠 그거 아세요
아빠가 계시는 목련공원을 지날 때면
항상 제 고개가 자동 돌아가며

우로오 봐
그곳에 인사하는 거

아빠 제 마음이 이제는 조금씩 편안해져
가요

아빠 계신 곳은
고통도 없고
겨울도 없고
걱정도 없는 세상

오래 살다 보면
부칠 수 없는 주소 한두 개는 가지고 있고
지금 거신 번호는 없는 번호입니다 뚜뚜뚜
안개꽃처럼 스러지는 전화번호 한두 개쯤
가지고 있지만

참 엄마 걱정일랑 하지 마세요
엄마가 아빠 살아생전에
타박 준 거 마음에 걸리더라고
가끔 말하지만
제가 잘 챙길게요

아빠 안녕

정월(부제 : 해꼬리 여우꼬리)

동지로부터 꺼먹하게 덮어버린
해꼬리가 다시 자라나
꺼슬꺼슬한
여우꼬리마냥 길어져서 산등성이를
간지럽히는
그때가 정월이라고

그러면 나댕기는 게 조금은 편하고
뭔가 하고 싶다는 마음이 찌륵찌륵 동하기 시작하는
그때가 정월이라고

시인의 말

저는 평범한 서민입니다

제 시의 재료는 가까운 생활에서 구하였습니다
자연에 대한 묘사보다는 주로 인간과 동물,
인간관계에 대한 묘사나 관찰로 이루어져 있습니다

여태껏 개에 관한 시는 우울하거나 안 좋은 것의 대명사로
쓰이는 경우가 많았습니다 안타까울 뿐입니다
우리 곁에서 우리와 함께 살아가는 가족, 친구로서
강아지를 말하고 싶었습니다

반려견을 키우는 어려움과 경험을
이 시를 통해 공유할 수 있다면
그리하여 반려견을 더욱 사랑하고
유기견에 관한 관심과 사랑을 불러일으킨다면

저의 시는 나름 그 의무와 책임을
다한 것이라고 생각합니다
마지막으로 제 시를 꾸준히 읽어준
글벗들에게 감사의 말씀드립니다

또한 사랑하는 우리 가족들,

시를 꾸준히 읽어준 남편
감각적인 사진과 편집을 도와준 첫째 아들
더 좋은 글을 쓸 수 있게 도와준 둘째 아들
어려운 시간을 내어 시를 평해준 여동생
모두에게 무한한 감사를 드립니다